JOSEPH MEKONG ONDOUA

Détruire les autels spirituels maléfiques et libérer les destinées

JOSEPH MEKONG ONDOUA

Détruire les autels spirituels maléfiques et libérer les destinées

Une affaire de royaumes et de territoires

Éditions Croix du Salut

Imprint
Any brand names and product names mentioned in this book are subject to
trademark, brand or patent protection and are trademarks or registered
trademarks of their respective holders. The use of brand names, product
names, common names, trade names, product descriptions etc. even without
a particular marking in this work is in no way to be construed to mean that
such names may be regarded as unrestricted in respect of trademark and
brand protection legislation and could thus be used by anyone.

Cover image: www.ingimage.com

Publisher:
Éditions Croix du Salut
is a trademark of
Dodo Books Indian Ocean Ltd. and OmniScriptum S.R.L publishing group

120 High Road, East Finchley, London, N2 9ED, United Kingdom
Str. Armeneasca 28/1, office 1, Chisinau MD-2012, Republic of Moldova,
Europe
Printed at: see last page
ISBN: 978-620-6-17105-8

INTRODUCTION

C'est lorsque le Seigneur m'a fait la grâce d'entrer dans la dimension des services de délivrance que je me suis rendu compte que la réalité des influences spirituelles maléfiques sur les êtres humains est très sous-estimée. Les esprits méchants et démons troublent de manière importante la vie des individus, des familles, des territoires. Parmi ces entités spirituelles maléfiques et démoniaques, il y en a qui font figures d'autorités spirituelles régnantes suite à des autels spirituels bâtis et entretenus en leur honneur, consciemment ou inconsciemment. La manifestation principale dans cette réalité, c'est le non accomplissement des destinées individuelles ou les destinées chaotiques semblables des individus d'un même territoire. Le Seigneur à travers les révélations que je partage avec vous dans ce livre va nous éclairer sur le sujet et nous donner les clés de la délivrance totale de toute emprise des autels spirituels maléfique, si tel est notre souhait.

LECTURE PRELIMINAIRE

Jean 18:36-37

Mon royaume n`est pas de ce monde, répondit Jésus. Si mon royaume était de ce monde, mes serviteurs auraient combattu pour moi afin que je ne fusse pas livré aux Juifs; mais maintenant mon royaume n`est point d`ici-bas. Pilate lui dit: Tu es donc roi? Jésus répondit: Tu le dis, je suis roi. Je suis né et je suis venu dans le monde pour rendre témoignage à la vérité. Quiconque est de la vérité écoute ma voix.

Éphésiens 6:12

Car nous n`avons pas à lutter contre la chair et le sang, mais contre les dominations, contre les autorités, contre les princes de ce monde de ténèbres, contre les esprits méchants dans les lieux célestes.

Juges 6 :15-16

Mais Gédéon répliqua : De grâce, mon Seigneur ! Avec quoi pourrais-je délivrer Israël ? Ma famille est peu importante dans la tribu de Manassé, et moi je suis le plus jeune des fils de mon père. L'Eternel lui répondit : Je serai avec toi, c'est pourquoi tu battras les Madianites tous ensemble.

Juges 6:25-32

Dans la même nuit, l'Éternel dit à Gédéon: Prends le jeune taureau de ton père, et un second taureau de sept ans. Renverse l'autel de Baal qui est à ton père, et abats le pieu sacré qui est dessus. Tu bâtiras ensuite et tu disposeras, sur le haut de ce rocher, un autel à l'Éternel ton Dieu. Tu prendras le second taureau, et tu offriras un holocauste, avec le bois de l'idole que tu auras abattue. Gédéon prit dix hommes parmi ses serviteurs, et fit ce que l'Éternel avait dit; mais, comme il craignait la maison de son père et les gens de la ville, il l'exécuta de nuit, et non de jour.

Lorsque les gens de la ville se furent levés de bon matin, voici, l'autel de Baal était renversé, le pieu sacré placé dessus était abattu, et le second taureau était offert en holocauste sur l'autel qui avait été bâti. Ils se dirent l'un à l'autre: Qui a fait cela? Et ils s'informèrent et firent des recherches. On leur dit: C'est Gédéon, fils de Joas, qui a fait cela. Alors les gens de la ville dirent à Joas: Fais sortir ton fils, et qu'il meure, car il a renversé l'autel de Baal et abattu le pieu sacré qui était dessus. Joas répondit à tous ceux qui se présentèrent à lui: Est-ce à vous de prendre parti pour Baal? est-ce à vous de venir à son secours? Quiconque prendra parti pour Baal mourra avant que le matin vienne. Si Baal est un dieu, qu'il plaide lui-même sa cause, puisqu'on a renversé son autel. Et en ce jour l'on donna à Gédéon le nom de Jerubbaal, en disant: Que Baal plaide contre lui, puisqu'il a renversé son autel.

Juges 7:12-15

Madian, Amalek, et tous les fils de l'Orient, étaient répandus dans la vallée comme une multitude de sauterelles, et leurs chameaux étaient innombrables comme le sable qui est sur le bord de la mer. Gédéon arriva; et voici, un homme racontait à son camarade un songe. Il disait: J'ai eu un songe; et voici, un gâteau de pain d'orge roulait dans le camp de Madian; il est venu heurter jusqu'à la tente, et elle est tombée; il l'a retournée sens dessus dessous, et elle a été renversée. Son camarade répondit, et dit: Ce n'est pas autre chose que l'épée de Gédéon, fils de Joas, homme d'Israël; Dieu a livré entre ses mains Madian et tout le camp. Lorsque Gédéon eut entendu le récit du songe et son explication, il se prosterna, revint au camp d'Israël, et dit: Levez-vous, car l'Éternel a livré entre vos mains le camp de Madian.

PARTIE I

LES LOIS SPIRITUELLES SUR LES ROYAUMES ET LES TERRITOIRES

Lois n°1 | Sur la domination spirituelle et la domination royale

Dans le monde spirituel il y a un lien étroit entre la domination spirituelle et la domination royale. En d'autres termes dans le monde spirituel le chef spirituel est aussi le chef du royaume (le souverain).

Dans **Daniel 10 :12 et 13** il est dit : « ... Daniel, ne crains rien; car dès le premier jour où tu as eu à cœur de comprendre, et de t'humilier devant ton Dieu, tes paroles ont été entendues, et c'est à cause de tes paroles que je viens. Le chef du royaume de Perse m'a résisté vingt et un jours; mais voici, Micaël, l'un des principaux chefs, est venu à mon secours, et je suis demeuré là auprès des rois de Perse. » Le chef et les rois dont on parle ici ne sont pas des êtres humains, mais des esprits qui régnaient sur les perses. C'était les esprits auxquels les Perses vouaient un culte.

Lorsque nous bâtissons un autel pour une divinité nous consacrons par là-même la souveraineté ou la royauté à cette divinité sur nous. Ainsi si nous bâtissons un autel pour une idole cette idole devient le souverain ou le roi qui règne sur nous et si nous bâtissons un autel pour Dieu alors Dieu devient notre roi, le souverain qui règne sur nous.

L'autel est donc cette table ou monument sacré où l'on fait des offrandes à une divinité, un lieu de dévotion et de culte, mais c'est aussi le trône, le lieu où siège la divinité spirituelle qui commande en ces lieux.

Dans plusieurs maisons et concessions, il y a des choses enterrées, des autels bâtis par les ancêtres ou les gens qui y habitent actuellement, des cases sacrées, des cases pour les crânes, des chambres sacrées, des forêts sacrées, ainsi de suite. Tous ces lieux sont des autels bâtis à des esprits. Si ces choses sont dans ta concession, dans ta maison ou dans ta famille, alors saches que l'esprit qui est invoqué en ce lieu est le roi qui règne sur ta famille, sur ta destinée, sur tout ce qui t'appartient.

Lois n°2 | Sur la royauté divine et la royauté humaine

Dieu dans sa pensée veut être notre roi. La tendance des hommes est plutôt de refuser la royauté divine pour opter pour la royauté humaine. Bien entendu cela a des conséquences.

Lorsqu'Israël sort d'Égypte, Dieu a voulu être le roi de son peuple élu. Bien entendu Israël a refusé la royauté de Dieu pour la royauté humaine en la personne de Saül. Dans **I Samuel 8 : 6 – 8,** Dieu fait des déclarations qui révèlent une réalité cachée derrière le choix du peuple d'Israël. Il est dit : « Samuel vit avec déplaisir qu'ils disaient: Donne-nous un roi pour nous juger. Et Samuel pria l'Éternel. L'Éternel dit à Samuel: Écoute la voix du peuple dans tout ce qu'il te dira; car ce n'est pas toi qu'ils rejettent, c'est moi qu'ils rejettent, afin que je ne règne plus sur eux. Ils agissent à ton égard comme ils ont toujours agi depuis que je les ai fait monter d'Égypte jusqu'à ce jour; ils m'ont abandonné, pour servir d'autres dieux. »

Dieu révèle en fait que, Israël ne veut pas juste avoir un roi humain mais veut servir d'autres dieux ; Israël veut servir d'autres esprits à la place de l'Esprit de Dieu.

La vérité est que depuis la chute de l'homme dans le jardin d'Eden l'homme n'est plus maître de son destin, car il a pris sa souveraineté et la remise entre les mains de Satan par la désobéissance à Dieu. Dans ce monde c'est donc Satan qui contrôle par différents esprits les faits et gestes des êtres humains. Un roi humain est donc forcément influencé par le monde spirituel, et ce monde spirituel qui le commande va aussi commander le peuple sur lequel ce roi règne. Ainsi, ce n'est pas lui qui règne mais ce sont les esprits qui le commandent qui règnent réellement sur son peuple.

Ceci nous enseigne que les influences spirituelles que subit ta destinée, ta famille, ton village, ta ville, ton pays, seront fonction des esprits auxquels le chef de ta famille, le chef de ton village ou le chef de ta ville, ou même le chef de ton pays fait allégeance. Alors dis-moi qui est ton chef et je te dirai quel esprit influence ta vie, quel esprit règne chez toi.

Lois n°3	# Sur le droit du roi

Le roi qui règne quelque part a des droits sur ce lieu. En d'autres termes l'esprit ou la divinité dont l'autel est bâti quelque part règne sur cet endroit et a des droits sur tout ce qui s'y trouve, même les êtres humains.

Dans I Samuel 8 : 9 à 18, Dieu averti Israël sur le droit du roi qui va régner sur eux : « Écoute donc leur voix; mais donne-leur des avertissements, et fais-leur connaître le droit du roi qui régnera sur eux. Samuel rapporta toutes les paroles de l'Éternel au peuple qui lui demandait un roi. Il dit: Voici quel sera le droit du roi qui régnera sur vous. Il prendra vos fils, et il les mettra sur ses chars et parmi ses cavaliers, afin qu'ils courent devant son char; il s'en fera des chefs de mille et des chefs de cinquante, et il les emploiera à labourer ses terres, à récolter ses moissons, à fabriquer ses armes de guerre et l'attirail de ses chars. Il prendra la meilleure partie de vos champs, de vos vignes et de vos oliviers, et la donnera à ses serviteurs. Il prendra vos filles, pour en faire des parfumeuses, des cuisinières et des boulangères. Il prendra la dîme du produit de vos semences et de vos vignes, et la donnera à ses serviteurs. Il prendra vos serviteurs et vos servantes, vos meilleurs bœufs et vos ânes, et s'en servira pour ses travaux. Il prendra la dîme de vos troupeaux, et vous-mêmes serez ses esclaves. Et alors vous crierez contre votre roi que vous vous serez choisi, mais l'Éternel ne vous exaucera point. »

Deux éléments essentiels ressortent de ce texte :

(1) Le roi a le droit de vie et de mort sur les êtres humains : il peut en faire ce qu'il veut, des esclaves ou des hommes libres, les tuer s'il le souhaite
(2) Le roi a un droit absolu sur les biens et richesses de son peuple : il en fait ce qu'il veut, il peut les dilapider s'il le souhaite et il n'y aura personne pour l'en empêcher

Ainsi les esprits auxquels nos familles, nos maisons ont fait allégeance ont droit de vie et de mort sur nous et le droit de faire de nos biens et richesse tout ce qu'ils veulent. Ne sois donc pas étonné que ta vie soit une récurrence de maladie sur maladie, de problèmes sur problème et que toute tentative de développement ou de prospérité est complètement réduit à néant.

L'évolution de ta vie, celle de ta famille, est donc fonction du roi qui a des droits sur toi. Et je peux te dire qu'il n'y a pas de bon roi spirituel maléfique.

| *Lois n°4* | **Chaque domination territoriale est souveraine** |

Comme nous l'avons vu dans Daniel 10 et même Éphésiens 6 : 12, chaque territoire (des familles aux continents) est sous la domination d'une entité spirituelle. Ces entités spirituelles peuvent être selon Paul des dominations, des autorités, des principautés, des esprits méchant dans les lieux célestes.

Dans le monde spirituel lorsqu'un esprit commande un territoire, aucun autre esprit ne peut y entrer sans son accord ou son invitation (Matthieu 12 : 43 – 45). Si l'autre esprit veut venir s'installer sans autorisation, celui à qui appartient le territoire se battra jusqu'à la dernière goutte de sang.

C'est ce qui se passe dans le récit que nous avons lu dans Daniel. Les Perses avaient leurs dieux et sur la souveraineté desquels leur royaume était bâti. Or Daniel invite par ses prières l'action du Dieu d'Israël dans le territoire des Perses où il est en captivité. C'est pourquoi les esprits qui règnent sur le territoire des perses ont farouchement résisté à l'action de l'ange que Dieu a envoyé pour répondre aux prières de Daniel. Il a fallu l'intervention du chef de guerre du royaume de Dieu pour venir à bout de ces chefs spirituels territoriaux des Perses.

Il ne suffit donc pas de prier ; si les autels bâtis dans ta famille sont des autels pour des esprits mauvais, ces esprits mauvais ont la souveraineté sur ta famille, sur ta vie, et donc lorsque Dieu doit agir dans ta famille ou dans ta vie, il faut qu'il y ait d'abord défaite de ces esprits. Bien-sûr, ces esprits vont se défendre, vont se battre, jusqu'à la dernière énergie, parce que c'est leur droit de régner sur ta vie, de régner sur ta famille.

Et l'observation que nous faisons c'est que Dieu dans sa souveraineté respecte les choix spirituels que nous avons fait et ne fait pas intrusion dans notre vie contre les esprits qui y sont, sans que nous ayons ouvert notre cœur volontairement à lui.

Lois n°5 | **Il existe deux royaumes spirituels**

En ce qui concerne l'humanité, deux royaume existent et peuvent l'influencer : le royaume du monde ou royaume des ténèbres et le royaume céleste ou le royaume des Lumières. Ces deux royaumes sont opposés sur tous les plans.

(1) Le royaume du monde ou le royaume des ténèbres prône le mensonge, la mort, la pauvreté, la terreur, le trouble, la destruction, la désolation, la tristesse, les guerres, les divisions, les jalousies, la paresse, l'orgueil, la haine, etc.

(2) Le royaume des lumières ou royaume céleste quant à lui prône la Vérité, la Vie, la richesse, l'assurance, la paix, le développement, la prospérité, la joie, la coopération, l'unité, la solidarité, le zèle, l'humilité, l'amour, etc.

Mais attention ! Ces deux royaumes bien qu'opposés ne sont pas d'égale force. Le royaume des cieux est extrêmement plus puissant que le royaume des ténèbres. Sauf que lui, il respecte les principes spirituels édictés par Dieu et est fidèle à ses principes qu'il ne violera jamais. C'est pourquoi là où l'homme donne la liberté au royaume des ténèbres d'agir, le royaume des lumières ne s'y oppose pas, car Dieu nous a donné le libre choix **(Deutéronome 30 :19)**.

<u>PARTIE II</u>

IMPACT DES REALITES SPIRITUELLES SUR LES ROYAUMES DANS NOS FAMILLES ET TERRITOIRES

<table>
<tr><td><u>Impact n°1</u></td><td>

Des chefs spirituels règnent sur nos familles et territoires

</td></tr>
</table>

Il y a des entités spirituelles qui règnent en chef dans nos familles, nos villages, nos villes, nos pays, nos continents.

Adam et Eve sont le couple royal originel de la terre. Ce sont leurs enfants qui devaient régner sur les continents, les pays, les territoires divers et leurs familles. Mais Adam a donné son pouvoir sur le monde terrestre à Satan, aussi, c'est l'armée spirituelle maléfique de ce dernier qui règne maintenant à tous les niveaux. Ils ont embrigadé les familles de la terre dans leur système maléfique et inique, où l'homme est esclave de la naissance à sa mort.

On comprend encore mieux ici ce que Paul veut exprimer dans Ephésiens 6 :12 quand il dit que « nous n'avons pas à lutter contre la chair et le sang, mais contre les dominations, contre les autorités, contre les princes de ce monde de ténèbres, contre les esprits méchants dans les lieux célestes. »

Depuis la chute d'Adam et de Eve, Satan règne sur les familles de la terre par le biais des entités spirituelles maléfiques, esprits méchants, démons de toutes catégories et même par l'intermédiaire des fils de l'homme qui sont devenus des sorciers et des mécréants de toutes sortes. Nos familles sont en lambeaux, dans la discorde, dans le désordre, les guerres fratricides, on s'entretue pour l'héritage et choses semblables. Il a réussi à faire croire à l'être humain que son ennemis c'est son frère ou sa sœur, son semblable, pendant qu'en réalité c'est lui qui mène le jeu en arrière plan.

Cependant, il n'y a pas que le péché originel qui est à l'origine de cet état de choses (de manière directe). Nos ancêtres au fil des siècles et des années ont bâti des autels différents pour sacrifier à des divinités diverses. Celles-ci ont alors pris contrôle de nos familles, de nos maisons, de nos villages, de nos territoires ; le cours de la vie de tous les habitants de ces territoires ou familles est influencé par eux. C'est ainsi qu'on observe que les gens qui habitent un même territoire, un même village, ont pratiquement toujours la même trajectoire de vie, ou se ressemble beaucoup dans ce qui leur arrive, ils ont tous les mêmes vices, les mêmes souffrances... On entend souvent dire alors : « les gens de tel village sont tous comme ça... », « Les camerounais sont tous des ci ou ça… », « Les européens sont tous comme ci ou comme ça… » Etc.

Oui les ancêtres ont planté des autels, mais aujourd'hui encore les fils et filles bâtissent d'autres autels. Et chacun de ces autels est un chef démoniaque supplémentaire dans nos familles et un chef démoniaque supplémentaire qui vient assujettir les uns et les autres. Ces autels ont diverses formes : des pactes sataniques, des pactes maléfiques, des pactes de sang, des fétiches enterrés ou portés sur soi, des autels physiques dans les maisons ou les forêts sacrées, des totems, etc.

<table>
<tr><td>**Impact n°2**</td><td>

Les chefs de familles et les réalités spirituelles de domination

</td></tr>
</table>

Chacune de nos familles a un chef humain. Or nous l'avons dit déjà, chaque être humain a choisi de faire allégeance à des esprits particuliers ; certains ont choisi de faire allégeance à l'Esprit de Dieu et d'autres ont choisi de faire allégeance aux esprits maléfiques. Nos chefs de famille ne sont pas en reste.

Dans les familles africaines et ailleurs dans le monde, la transmission de la responsabilité de chef de famille se fait souvent avec la transmission de pouvoirs mystiques, d'amulettes et gris-gris divers. Nos chefs de familles sont donc souvent des gens qui font allégeance à des esprits, souvent maléfiques ou sataniques. Nous devons savoir que les esprits auxquels ils font allégeance vont influencer toute la famille, car ce chef va diriger avec le conseil, l'orientation et même les ordres de ces esprits.

Cela est vrai pour les familles, cela est aussi vrai pour les villages, villes et même des pays. La mondialisation nous rapproche de plus en plus d'un règne mondial de Satan. Nous devons donc faire attention et bien examiner les personnes que nous décidons de mettre à la tête de nos familles ou de nos territoires comme chef, car le choix des personnes qui vont nous diriger fait aussi intervenir ipso facto le choix des esprits qui vont dominer sur nous, sur notre territoire, sur notre famille.

<table>
<tr><td>Impact n°3</td><td>

Sur les destinées de nos familles

</td></tr>
</table>

L'esprit qui règne sur ta famille a un droit absolu sur ta vie et sur ta destinée. Son influence demeure dans tous les aspects de ta vie : il contrôle ton mariage, tes enfants, tes biens, ta progression sociale, ton travail, tes études, ta vie spirituelle, etc.

Les manifestations sur la vie individuelle ou de groupe sont diverses et fonction de l'esprit qui règne. Quelques exemples : si c'est un esprit de pauvreté, tu auras beau avoir de beaux projets, tu feras même des entrées financières, mais à la fin tu seras pauvre ; si c'est un esprit de rébellion quel que soit l'amour et l'encadrement que les uns les autres vont recevoir, ils vont finir par se liguer contre les parents, contre les autorités physiques de la famille ; si c'est un esprit de mort il y aura à profusion dans votre famille, dans le territoire, des morts parfois qui se suivent et se ressemblent.

Les autels qui sont érigés dans nos familles et maisons cachent donc des esprits qui décident de la trajectoire de notre vie sans notre accord. D'où beaucoup dans cette génération ne vivent pas leur destinée.

Impact n°4 | **Tant que les autels maléfiques sont dressés ce sera difficile**

Beaucoup de personnes ont voulu se détacher de l'influence des esprits qui règnent dans leurs familles, mais ils n'y sont pas arrivés, parce que les autels de leurs familles n'ont pas été renversés. Et tant que subsistent ces autels, donc des entités spirituelles qui règnent sur leurs familles, eux et leurs descendances et toutes les personnes autour d'eux vont connaître le même sort que tout le reste de la famille ; personne ne finira différemment des autres.

Et si une personne arrive à s'échapper en allant vers Jésus-Christ, ce ne sont pas des prières simples qui vont la libérer complètement et encore moins le reste de sa famille (qui eux restent dans les ténèbres). La personne qui va à Dieu a déjà fait un pas vers la liberté et prenant conscience des influences des autels maléfiques familiaux et en travaillant dans la prière pour détruire leur influence, il va sauver sa vie. Mais pour ce qui est de sa famille, sil elle ne se repent pas elle va demeurer dans ces influences sataniques.

Dieu intervient pour défendre les siens. Il nous a donné le libre arbitre et les choix que nous faisons ne seront pas contestés. Donc si une personne rentre dans la lumière elle est sauvée, celui qui n'y rentre pas restera sous le joug de Satan. Mais la libération ultime de tous c'est de renverser les autels maléfiques.

<table>
<tr><td><u>Impact n°5</u></td><td>

Les familles ont fait leur choix de royaume

</td></tr>
</table>

Il y a des familles sous le règne du royaume des lumières et des familles sous le règne du royaume des ténèbres. Et cela est le fait du choix d'une génération donnée : peut-être la génération des pères, peut-être la génération des fils.

De toute façon, ce que vit ta famille est le reflet du royaume auquel elle s'est assujettie. Si tu observes que dans ta famille ce qui règne le plus c'est le mensonge, la mort, la pauvreté, la terreur, le trouble, la destruction, la désolation, la tristesse, les guerres, les divisions, les jalousies, la paresse, l'orgueil, la haine et choses pareilles, alors certainement ta famille a choisi le règne du royaume des ténèbres. Si tu constates plutôt que dans ta famille il y a la Vérité, la Vie, la richesse, l'assurance, la paix, le développement, la prospérité, la joie, la coopération, l'unité, la solidarité, le zèle, l'humilité, l'amour, alors ta famille est sous le règne du royaume des Lumières.

Aucune famille ne peut être dans un royaume et manifester les œuvres ou les caractéristiques du royaume opposé. Chacun de nous peut ainsi faire le diagnostic sur sa famille ou sur son territoire et dire quelle est la domination spirituelle à laquelle sa famille est assujettie.

<u>PARTIE III</u>

STRATEGIE DE DIEU POUR LIBERER LES FAMILLES

Généralités

Dieu a-t-il abandonné nos familles entre les mains des autorités, des dominations, des principautés, des esprits méchants dans les lieux célestes ? Loin de là ! Dieu a mis en place un plan de salut de l'humanité pour lui redonner sa liberté, ses privilèges et ses pouvoirs. La stratégie de libération de nos familles est contenu dans le package du salut en Jésus-Christ. Ainsi il est dit dans **Actes 16 : 31 : « Crois au Seigneur Jésus et tu seras sauvé toi et ta famille. »**

Le Messie n'a pas été donné pour un individu mais pour les nations, pour les peuples, pour les familles. Ci-dessous quelques versets qui parlent de cela :

- **Luc 2 : 30 – 32 : «Car mes yeux ont vu ton salut, Salut que tu as préparé devant tous les peuples, Lumière pour éclairer les nations, Et gloire d'Israël, ton peuple. »**

- **Genèse 12 : 3 : «Je bénirai ceux qui te béniront, et je maudirai ceux qui te maudiront; et toutes les familles de la terre seront bénies en toi. »**
- **Genèse 28 : 14 : «Ta postérité sera comme la poussière de la terre; tu t'étendras à l'occident et à l'orient, au septentrion et au midi; et toutes les familles de la terre seront bénies en toi et en ta postérité. »**

Le salut des individus et des familles en Jésus-Christ repose sur **le changement de royaume** ! Ce salut opère dans nos vies une migration spirituelle : nous transporte du royaume des ténèbres au Royaume des lumières. Selon Colossiens 1:12-14 : « Rendez grâces au Père, qui vous a rendus capables d'avoir part à l'héritage des saints dans la lumière, qui nous a délivrés de la puissance des ténèbres et nous a transportés dans le royaume du Fils de son amour, en qui nous avons la rédemption, la rémission des péchés. »

Nous nous rappelons qu'Adam ayant péché a été séparé de la lumière de la gloire de Dieu, chassé du Royaume de Dieu, il a été plongé dans le royaume des ténèbres ; nous sommes naturellement héritiers de cette situation et nos péchés la consolide. Le but de l'œuvre du salut de Christ est de nous faire prendre le

---

chemin inverse, ce qui était impossible sans le sang de l'Agneau.

Concrètement, pour nous libérer, Dieu a mis en place et exécuté une stratégie en trois temps.

| **Premier temps** | **Vaincre les pouvoirs des ténèbres sur l'humanité** |

Ce premier temps a trois dimensions :

➢ **Première dimension : Briser les autels de l'ancien royaume qui régnait sur nous et nos familles**

Les autels comme nous l'avons vu plus haut, représentent la souveraineté et la légitimité sur les territoires et sur les familles des entités spirituelles pour lesquelles on sacrifie dessus. Ils sont comme les drapeaux ; on érige son drapeau sur un territoire conquis. Quand des esprits ont conquis votre famille, ils érigent leur autel, pour dire à tous : « C'est nous qui régnons ici. »

Christ sur la croix a été brisé. Or sur cette croix il portait en lui tout ce qui amène la malédiction dans notre existence. Il est écrit dans **Esaïe 53:3 : « Méprisé et abandonné des hommes, Homme de douleur et** habitué à la souffrance, Semblable à celui dont on détourne le visage, Nous l'avons dédaigné, nous n'avons fait de lui aucun cas. Cependant, ce sont nos souffrances qu'il a portées, C'est de nos douleurs qu'il s'est chargé; Et nous l'avons considéré comme puni, Frappé de Dieu, et humilié. Mais il était blessé pour nos péchés, Brisé pour nos iniquités; Le châtiment qui nous donne la paix est tombé sur lui, Et c'est par ses meurtrissures que nous sommes guéris. Nous étions tous errants comme des brebis, Chacun suivait sa propre voie; Et l'Éternel a fait retomber sur lui l'iniquité de nous tous. Il a plu à l'Éternel de le briser par la souffrance... Après avoir livré sa vie en sacrifice pour le péché, Il verra une postérité et prolongera ses jours; Et l'œuvre de l'Éternel prospérera entre ses mains. » Il est aussi écrit dans **Galates 3:13 : « Christ nous a rachetés de la malédiction de la loi, étant devenu malédiction pour nous-car il est écrit: Maudit est quiconque est pendu au bois »**

Jésus-Christ est devenu l'autel de malédiction de ta vie, de ta maison, de ta famille, qui fut brisé par la mort de la croix. En s'interposant ainsi, il a dépouillé de leurs pouvoirs les esprits qui régnaient par ces autels ; Paul dit à cet effet dans **Colossiens 2:14-15 : « il a effacé l'acte dont les ordonnances nous condamnaient et qui subsistait contre nous, et il l'a**

détruit en le clouant à la croix; il a dépouillé les dominations et les autorités, et les a livrées publiquement en spectacle, en triomphant d'elles par la croix. » Jésus a tout simplement annulé et effacé tous les pactes concluent sur les autels de malédiction de ta vie et de ta famille.

> ➤ **Deuxième dimension : Eriger l'autel de Dieu**

La croix de Jésus était aussi un autel. C'était la représentation terrestre de l'autel céleste de Dieu, sur lequel l'Agneau sans tache a été immolé. Son sang a coulé sur cet autel, ainsi le règne, la souveraineté et la légitimité du Dieu vivant ont été scellés sur ce territoire. Et Christ pendu entre ciel et terre sur cette croix, un peu comme un drapeau, attestait : « Désormais ce territoire appartient à mon Père, c'est lui seul qui a les pleins pouvoirs dessus. »

Ce territoire conquis par Christ pour Dieu c'est toi, c'est ta maison, c'est ta famille. Le jour où tu acceptes Christ comme ton Sauveur et Seigneur, et que tu le fais entrer dans ta maison et dans ta famille, tu actives ces mystères et cette victoire.

« ... Tu es digne de prendre le livre, et d'en ouvrir les sceaux; car tu as été immolé, et tu as

racheté pour Dieu par ton sang des hommes de toute tribu, de toute langue, de tout peuple, et de toute nation; » **(Apocalypse 5 :9).** Amen !!!

Christ a déjà tout fait, à nous de prendre possession de nos nouveaux privilèges.

> ➢ **Troisième dimension : Jésus est allé jusqu'aux enfers pour aller libérer les captifs et planter le drapeau de Dieu**

Christ a été enseveli, il est descendu aux enfers, et y a dépouillé aussi les pouvoirs qui dominaient là-bas et libéré les âmes qui y ont cru à sa prédication. Sa résurrection glorieuse est le signe de sa victoire définitive sur le royaume des ténèbres et l'attestation que le règne de Dieu, en faveur de l'humanité a été rétablit dans tous les territoires, aussi bien terrestres que célestes.

I Pierre 3:18-22 : « Christ aussi a souffert une fois pour les péchés, lui juste pour des injustes, afin de nous amener à Dieu, ayant été mis à mort quant à la chair, mais ayant été rendu vivant quant à l'Esprit, dans lequel aussi il est allé prêcher aux esprits en prison, qui autrefois avaient été incrédules, lorsque la patience de Dieu se

prolongeait, aux jours de Noé, pendant la construction de l'arche, dans laquelle un petit nombre de personnes, c'est-à-dire huit, furent sauvées à travers l'eau. Cette eau était une figure du baptême, qui n'est pas la purification des souillures du corps, mais l'engagement d'une bonne conscience envers Dieu, et qui maintenant vous sauve, vous aussi, par la résurrection de Jésus Christ, qui est à la droite de Dieu, depuis qu'il est allé au ciel, et que les anges, les autorités et les puissances, lui ont été soumis. »

<table>
<tr><td><u>**Deuxième temps**</u></td><td>

Faire entrer l'être humain dans la filiation divine et dans le royaume des cieux

</td></tr>
</table>

Entrer dans la filiation divine et entrer dans le royaume des cieux vont de paire. Jésus dit à Nicodème dans **Jean 3:5 « ... En vérité, en vérité, je te le dis, si un homme ne naît d'eau et d'Esprit, il ne peut entrer dans le royaume de Dieu. »**

Par sa mort, son enterrement et sa résurrection, Jésus-Christ a ouvert un nouveau chemin qui permet à celui que le sang a déjà libéré de tout autre pouvoir mauvais, d'entrer en toute sérénité dans le royaume des cieux. De manière pratique, nous accédons à cette dimension par le baptême d'eau et d'Esprit.

Romains 6:3-6 : «Ignorez-vous que nous tous qui avons été baptisés en Jésus Christ, c'est en sa mort que nous avons été baptisés? Nous avons donc été ensevelis avec lui par le baptême en sa

mort, afin que, comme Christ est ressuscité des morts par la gloire du Père, de même nous aussi nous marchions en nouveauté de vie. »

Plus il y a des baptêmes dans ta famille, plus la libération est grande.

<table>
<tr><td>

<u>Troisième temps</u>

</td><td>

Capaciter l'être humain pour qu'il prenne possession du royaume et de règne avec Christ

</td></tr>
</table>

On accède à cette dimension grâce au baptême de l'Esprit.

Cette dimension fera l'objet de notre 4e partie.

PARTIE IV

LES CONNAISSANCES A CAPITALISER POUR PRENDRE POSSESSION DU ROYAUME ET REGNER

Connaissance n°1

Tu es devenu citoyen du royaume des cieux pour régner et non pour subir

Jésus par son œuvre de libération t'a sauvé de toutes les actions du monde et des ténèbres. Il t'a fait quitter le royaume des ténèbres et son pouvoir pour te faire entrer dans le royaume des Lumières. Par l'œuvre de Christ tu n'es plus citoyen du monde, mais citoyen du ciel. Christ ne t'a pas amené dans son royaume pour que tu le subisses, mais bien pour que tu règnes avec lui.

Apocalypse 20:4, 6 : « Et je vis des trônes; et à ceux qui s'y assirent fut donné le pouvoir de juger. Et je vis les âmes de ceux qui avaient été décapités à cause du témoignage de Jésus et à cause de la parole de Dieu, et de ceux qui n'avaient pas adoré la bête ni son image, et qui n'avaient pas reçu la marque sur leur front et sur leur main. Ils revinrent à la vie, et ils régnèrent avec Christ pendant mille ans. Heureux et saints ceux qui ont

---

part à la première résurrection! La seconde mort n'a point de pouvoir sur eux; mais ils seront sacrificateurs de Dieu et de Christ, et ils régneront avec lui pendant mille ans. »

La part de ceux qui sont sauvés par Christ est de régner et non plus subir. Régner ne veut pas dire qu'il n'y a pas de difficultés ou d'épreuves. Mais notre foi (assurance, puissance, persévérance) face à ces tribulations est la marque de notre règne, c'est par là que nous déstabilisons l'ennemi. Jésus a dit : **« Je vous ai dit ces choses, afin que vous ayez la paix en moi. Vous aurez des tribulations dans le monde; mais prenez courage, j'ai vaincu le monde. » Jean 16 :33.** Même les rois ont des persécutions, pire même que le commun des hommes.

<u>Connaissance n°2</u>

En Christ tu es l'autorité spirituelle de ta famille et de ton territoire

Jésus t'a laissé dans ce monde pour que tu règnes dans ta famille, dans ton village, dans ta ville, dans ton pays, etc. Ceci grâce au revêtement du Saint-Esprit, la puissance de Dieu. **Luc 10:19 dit : « Voici, je vous ai donné le pouvoir de marcher sur les serpents et les scorpions, et sur toute la puissance de l'ennemi; et rien ne pourra vous nuire.** » Tu as le pouvoir de marcher dans ce monde sur toutes les puissances du royaume des ténèbres, ceci veut dire que tu as le pouvoir de briser tous les autels maléfiques de ton environnement de vie, mais pas seulement.

Tu as aussi le pouvoir et le devoir d'établir le règne de Dieu et son royaume dans ton environnement de vie. Si au royaume des ténèbres Satan règne dans les territoires à divers niveaux grâce aux entités spirituelles maléfiques et démoniaques qui lui sont assujettis, Dieu règne dans ses territoires conquis par ses enfants. Alors si Dieu t'a sauvé du milieu de ta famille il t'a en même temps établi comme autorité spirituelle et royale au sein de ta famille. Prends possession de ton territoire et règnes.

<u>Connaissance n°3</u>

**Evite de vivre
comme esclave alors
que tu es chef**

Malheureusement les enfants de Dieu ne sont pas conscients de la vérité ci-dessus énoncée et vivent encore esclave.

Galates 4:1-10 : « Or, aussi longtemps que l'héritier est enfant, je dis qu'il ne diffère en rien d'un esclave, quoiqu'il soit le maître de tout; mais il est sous des tuteurs et des administrateurs jusqu'au temps marqué par le père. Nous aussi, de la même manière, lorsque nous étions enfants, nous étions sous l'esclavage des rudiments du monde; mais, lorsque les temps ont été accomplis, Dieu a envoyé son Fils, né d'une femme, né sous la loi, afin qu'il rachetât ceux qui étaient sous la loi, afin que nous reçussions l'adoption. Et parce que vous êtes fils, Dieu a envoyé dans nos cœurs l'Esprit de son Fils, lequel crie: Abba! Père! Ainsi tu n'es

---

plus esclave, mais fils; et si tu es fils, tu es aussi héritier par la grâce de Dieu. Autrefois, ne connaissant pas Dieu, vous serviez des dieux qui ne le sont pas de leur nature; mais à présent que vous avez connu Dieu, ou plutôt que vous avez été connus de Dieu, comment retournez-vous à ces faibles et pauvres rudiments, auxquels de nouveau vous voulez vous asservir encore? Vous observez les jours, les mois, les temps et les années! Galates »

Nous voyons encore aujourd'hui des enfants de Dieu qui se plient aux règles des autels de leurs familles, de leurs villages, au lieu de régner et imposer les règles de l'autel de Dieu bâti par Christ et dont nous sommes les sacrificateurs.

Connaissance n°4 | Tu dois t'approprier l'évangile du royaume

Dieu est venu redonner à la descendance d'Adam ce que Satan lui avait volé, le Royaume de la Terre avec ses richesses.

Jésus-Christ n'a pas seulement prêché le salut pour avoir la vie éternelle, il a aussi prêché le royaume de Dieu ; un Royaume qui prône la croissance, le développement, le bien-être, l'abondance, un royaume où les sources ne tarissent pas, où les greniers sont pleins, où on mange à sa fin, où règne la joie, la santé, où il n'y a ni pleurs, ni grincements de dents. **Luc 12:32 : « Ne crains point, petit troupeau; car votre Père a trouvé bon de vous donner le royaume. »** C'est au travers de ceux qui croient que ce Royaume s'établit dans nos maisons. Et lorsque le royaume de Dieu s'établit, des destinées glorieuses émergent, les destinées sont libérés.

Église prends possession du royaume ! Enfant de Dieu prends possessions du royaume de ton Père, que Christ a conquis pour toi. Brises les autels anciens par Jésus-Christ et établit l'autel de Dieu. Règnes ! Ne sois plus esclave, mais règnes. Ne te comportes plus en dominé, mais sois vaillant et arraches ce qui est à toi. Règnes !

Car si pour l'évangile du salut pour la vie éternelle ou l'évangile du salut en Jésus-Christ c'est par grâce que nous en bénéficions, pour ce qui est de l'évangile du royaume, c'est autre chose, ainsi qu'il est dit : **« ce sont les violents qui s'en emparent. »** (Mathieu 11 : 12). Et **Apocalypse 3:21** ajoute : **« Celui qui vaincra, je le ferai asseoir avec moi sur mon trône, comme moi j'ai vaincu et me suis assis avec mon Père sur son trône. »**

C'est pour te dire que le royaume de Dieu, avec tous ses pouvoirs, tous ses droits, sa souveraineté sur le monde et ton environnement, est à ta disposition.

Trois éléments te sont utiles pour en prendre possession et régner :

(1) Sois un véritable enfant de Dieu par l'esprit et par le témoignage.
(2) Renouvelle ton intelligence (Romains 12 : 2 ; Osée 4 : 6) afin de connaître qui est ton ennemi,

quelle est sa force, et connaitre qui tu es et quelle est ta force.

(3) Sois vaillant, prends courage, fortifie-toi, n'aie pas peur, car Christ est avec toi et a déjà vaincu le monde et l'ennemi pour toi.

Prends possession du royaume, règnes et changes des milliers de destinés.

RESUME ET CONCLUSIONS

Il y a si longtemps que ta famille et toi êtes sous la captivité de Satan à cause des autels maléfiques que les gens ont érigés volontairement ou involontairement. Ceux-ci ont amenés la domination satanique sur vous et détruisent les destinées depuis plusieurs générations. Tu peux mettre fin à ce cycle destructeur. Pour ce faire ce livre t'a donné la connaissance nécessaire en te montrant :

(1) les lois qui régissent les relations entre les autels, les territoires et les royaumes
(2) l'impact négatif de ces choses sur votre lignée ou votre territoire
(3) comment Dieu s'est organisé avec Jésus-Christ pour apporter la libération aux familles et territoires
(4) ton droit, ton pouvoir et tes privilèges, que tu dois exercer, depuis que Christ s'est donné pour toi

Il faut donc retenir que Christ est au centre de la libération des familles et des territoires. C'est à nous de saisir ce salut que Dieu nous a offert au travers de l'œuvre de Christ. Pour que cette œuvre devienne réalité dans ta vie et que les autels sataniques de la famille, du village, de la ville, du pays soient complètement détruits :

(1) Tu dois te réconcilier avec Dieu et amener autant que possible les gens autour de toi à se réconcilier avec Dieu, en acceptant Christ et en acceptant d'être baptisé

(2) Etant revêtu des privilèges d'enfant de Dieu et de citoyen du royaume de Dieu désormais, tu dois briser les autels visibles et invisibles qui parlent contre vous et mettre ainsi fin aux influences sataniques, par des prières et des actions appropriées

(3) Tu dois maintenant établir l'autel de Dieu dans ta famille, dans le territoire désormais conquit, ce qui marque le règne désormais de Dieu sur ces lieux

(4) Marches dans la victoire comme un citoyen, prince, princesse du royaume de Dieu et sacrificateurs de Dieu que tu es désormais ; ne te laisses plus assujettir quelque soient les épreuves, les tribulations.

Je proclame par cette vérité qui vient de Jésus-Christ par l'Esprit-Saint que ta vie, ta famille et ton territoire sont libérés des autels sataniques qui parlaient contre eux. Désormais l'autel de Dieu est dressé, et son règne est venu pour vous : les destinées sont libérées, au nom de Jésus-Christ. Amen !

TABLE DES MATIÈRES

Buy your books fast and straightforward online - at one of world's fastest growing online book stores! Environmentally sound due to Print-on-Demand technologies.

Buy your books online at
www.morebooks.shop

Achetez vos livres en ligne, vite et bien, sur l'une des librairies en ligne les plus performantes au monde!
En protégeant nos ressources et notre environnement grâce à l'impression à la demande.

La librairie en ligne pour acheter plus vite
www.morebooks.shop